Today,
I learned…

Your perpetual collection of daily discoveries

Copyright © 2017 Juliana Smith

All rights reserved.

ISBN: 1978142323
ISBN-13: 978-1978142329

DEDICATION

This journal is dedicated to all those seekers of knowledge, the constant learners, and the insatiably curious. May you all find this journal a handy tool in collecting your daily discoveries and a method by which to remember them always.

"For me, I am driven by two main philosophies: know more today about the world than I knew yesterday and lessen the suffering of others. You'd be surprised how far that gets you."
Neil deGrasse Tyson

HOW TO USE THIS BOOK

This journal is to be used at your own preference, but here are some suggestions on how to begin:

- Each day of the year is included with a page of space to jot down newly learned information. No years are included so that this journal may be used for as many years as it is useful.

- At the top of each date page, there is a "Topics" box. Within this box, include a one- to two- word description of the information written on the page. For example "Nature" can be used when recording the name of a newly encountered insect or plant. Update as new information is added.

- At the beginning of each month is a "Table of Topics." Similarly to the Topics box, include one- to two- word descriptors of the information included on each day so that you may more easily navigate through your notes when embarking on a search for something previously written and perhaps forgotten. Update as new information is added

- On the title page, under the title, put the beginning and, eventually, ending years that this journal encompasses for you.

- This author will use a color system to highlight different topics. Instead of words on the Table of Topics pages, she will use colors to save space. Please feel free to borrow and modify this tactic. The notes section can be used to keep a key of colors.

- Speaking of colors, the blank front and back cover are open to your own designs just as the blank pages within are open to your own learning experiences.

- Most importantly, use this journal to learn some things and then relearn and relearn and relearn those some things.

Enjoy your quest.

January

Table of Topics

Jan. 1 _____
Jan. 2 _____
Jan. 3 _____
Jan. 4 _____
Jan. 5 _____
Jan. 6 _____
Jan. 7 _____
Jan. 8 _____
Jan. 9 _____
Jan. 10 _____
Jan. 11 _____
Jan. 12 _____
Jan. 13 _____
Jan. 14 _____
Jan. 15 _____
Jan. 16 _____
Jan. 17 _____
Jan. 18 _____
Jan. 19 _____
Jan. 20 _____
Jan. 21 _____
Jan. 22 _____
Jan. 23 _____
Jan. 24 _____
Jan. 25 _____

Jan. 26 _____
Jan. 27 _____
Jan. 28 _____
Jan. 29 _____
Jan. 30 _____
Jan. 31 _____

Notes

January 1
Today, I learned…

Topics

January 2
Today, I learned…

Topics

January 3
Today, I learned…

Topics

January 4
Today, I learned…

Topics

January 5
Today, I learned…

Topics

January 6
Today, I learned…

Topics

January 7
Today, I learned…

Topics

January 8
Today, I learned…

Topics

January 9
Today, I learned…

Topics

January 10
Today, I learned…

Topics

January 11
Today, I learned…

Topics

January 12
Today, I learned…

Topics

January 13
Today, I learned…

Topics

January 14
Today, I learned…

Topics

January 15
Today, I learned…

Topics

January 16
Today, I learned…

Topics

January 17
Today, I learned…

Topics

January 18
Today, I learned…

Topics

January 19
Today, I learned…

Topics

January 20
Today, I learned…

Topics

January 21
Today, I learned…

Topics

January 22
Today, I learned…

Topics

January 23
Today, I learned…

Topics

January 24
Today, I learned…

Topics

January 25

Today, I learned…

Topics

January 26
Today, I learned…

Topics

January 27
Today, I learned…

Topics

January 28
Today, I learned…

Topics

January 29
Today, I learned…

Topics

January 30
Today, I learned…

Topics

January 31
Today, I learned…

Topics

February

Table of Topics

Feb. 1 _____
Feb. 2 _____
Feb. 3 _____
Feb. 4 _____
Feb. 5 _____
Feb. 6 _____
Feb. 7 _____
Feb. 8 _____
Feb. 9 _____
Feb. 10 _____
Feb. 11 _____
Feb. 12 _____
Feb. 13 _____
Feb. 14 _____
Feb. 15 _____
Feb. 16 _____
Feb. 17 _____
Feb. 18 _____
Feb. 19 _____
Feb. 20 _____
Feb. 21 _____
Feb. 22 _____
Feb. 23 _____
Feb. 24 _____
Feb. 25 _____

Feb. 26 _____
Feb. 27 _____
Feb. 28 _____
Feb. 29 _____

Notes

February 1
Today, I learned…

Topics

Topics

February 2
Today, I learned…

February 3
Today, I learned…

Topics

February 4
Today, I learned…

Topics

February 5
Today, I learned…

Topics

February 6
Today, I learned…

Topics

February 7
Today, I learned…

Topics

February 8
Today, I learned…

Topics

February 9
Today, I learned…

Topics

February 10
Today, I learned…

Topics

February 11
Today, I learned…

Topics

February 12
Today, I learned…

Topics

February 13
Today, I learned…

Topics

February 14
Today, I learned…

Topics

February 15
Today, I learned…

Topics

February 16
Today, I learned…

Topics

February 17
Today, I learned…

Topics

February 18
Today, I learned…

Topics

February 19
Today, I learned…

Topics

February 20
Today, I learned…

Topics

February 21
Today, I learned…

Topics

February 22
Today, I learned…

Topics

February 23
Today, I learned…

Topics

February 24
Today, I learned…

Topics

February 25
Today, I learned…

Topics

February 26
Today, I learned…

Topics

February 27
Today, I learned…

Topics

February 28
Today, I learned…

Topics

Topics

February 29
Today, I learned…

March

Table of Topics

Mar. 1 _____
Mar. 2 _____
Mar. 3 _____
Mar. 4 _____
Mar. 5 _____
Mar. 6 _____
Mar. 7 _____
Mar. 8 _____
Mar. 9 _____
Mar. 10 _____
Mar. 11 _____
Mar. 12 _____
Mar. 13 _____
Mar. 14 _____
Mar. 15 _____
Mar. 16 _____
Mar. 17 _____
Mar. 18 _____
Mar. 19 _____
Mar. 20 _____
Mar. 21 _____
Mar. 22 _____
Mar. 23 _____
Mar. 24 _____
Mar. 25 _____

Mar. 26 _____
Mar. 27 _____
Mar. 28 _____
Mar. 29 _____
Mar. 30 _____
Mar. 31 _____

Notes

March 1

Today, I learned…

Topics

March 2
Today, I learned…

Topics

March 3
Today, I learned…

Topics

March 4
Today, I learned…

Topics

Topics

March 5
Today, I learned…

March 6
Today, I learned…

Topics

March 7
Today, I learned…

Topics

March 8
Today, I learned…

Topics

March 9

Today, I learned…

Topics

March 10
Today, I learned…

Topics

March 11

Today, I learned…

Topics

March 12
Today, I learned…

Topics

March 13
Today, I learned…

Topics

March 14

Today, I learned…

Topics

March 15

Today, I learned…

Topics

March 16

Today, I learned…

Topics

March 17
Today, I learned…

Topics

March 18
Today, I learned…

March 19
Today, I learned…

Topics

March 20
Today, I learned…

Topics

March 21
Today, I learned…

Topics

March 22

Today, I learned…

Topics

March 23
Today, I learned…

Topics

March 24
Today, I learned…

Topics

March 25
Today, I learned…

Topics

March 26
Today, I learned…

Topics

Topics

March 27
Today, I learned…

March 28
Today, I learned…

Topics

March 29
Today, I learned…

Topics

March 30
Today, I learned…

Topics

Topics

March 31
Today, I learned…

April

Table of Topics

Apr. 1 _____
Apr. 2 _____
Apr. 3 _____
Apr. 4 _____
Apr. 5 _____
Apr. 6 _____
Apr. 7 _____
Apr. 8 _____
Apr. 9 _____
Apr. 10 _____
Apr. 11 _____
Apr. 12 _____
Apr. 13 _____
Apr. 14 _____
Apr. 15 _____
Apr. 16 _____
Apr. 17 _____
Apr. 18 _____
Apr. 19 _____
Apr. 20 _____
Apr. 21 _____
Apr. 22 _____
Apr. 23 _____
Apr. 24 _____
Apr. 25 _____

Apr. 26 _____
Apr. 27 _____
Apr. 28 _____
Apr. 29 _____
Apr. 30 _____

Notes

April 1
Today, I learned…

Topics

April 2
Today, I learned…

Topics

April 3
Today, I learned…

Topics

April 4
Today, I learned…

Topics

April 5
Today, I learned…

Topics

April 6
Today, I learned…

Topics

April 7
Today, I learned…

Topics

April 8
Today, I learned…

Topics

April 9
Today, I learned…

Topics

April 10
Today, I learned…

Topics

April 11
Today, I learned…

Topics

April 12
Today, I learned…

Topics

April 13
Today, I learned…

Topics

April 14
Today, I learned…

Topics

April 15
Today, I learned…

Topics

April 16
Today, I learned…

Topics

April 17
Today, I learned…

Topics

April 18
Today, I learned…

Topics

April 19
Today, I learned…

Topics

April 20
Today, I learned…

Topics

April 21
Today, I learned…

Topics

April 22
Today, I learned…

Topics

April 23

Topics

Today, I learned…

April 24
Today, I learned…

Topics

April 25
Today, I learned…

Topics

April 26
Today, I learned…

Topics

April 27
Today, I learned…

Topics

April 28
Today, I learned…

Topics

April 29
Today, I learned…

Topics

April 30
Today, I learned…

Topics

May

Table of Topics

May 1 _____
May 2 _____
May 3 _____
May 4 _____
May 5 _____
May 6 _____
May 7 _____
May 8 _____
May 9 _____
May 10 _____
May 11 _____
May 12 _____
May 13 _____
May 14 _____
May 15 _____
May 16 _____
May 17 _____
May 18 _____
May 19 _____
May 20 _____
May 21 _____
May 22 _____
May 23 _____
May 24 _____
May 25 _____

May 26 _____
May 27 _____
May 28 _____
May 29 _____
May 30 _____
May 31 _____

Notes

May 1
Today, I learned…

Topics

Topics

May 2
Today, I learned…

May 3
Today, I learned…

Topics

May 4
Today, I learned…

Topics

May 5
Today, I learned…

Topics

May 6
Today, I learned…

Topics

May 7
Today, I learned…

Topics

May 8
Today, I learned…

Topics

May 9
Today, I learned…

Topics

May 10
Today, I learned…

Topics

May 11
Today, I learned…

Topics

May 12
Today, I learned…

Topics

Topics

May 13
Today, I learned…

May 14
Today, I learned…

Topics

Topics

May 15
Today, I learned…

May 16
Today, I learned…

Topics

May 17

Topics

Today, I learned…

May 18
Today, I learned…

Topics

May 19
Today, I learned…

Topics

May 20
Today, I learned…

Topics

May 21
Today, I learned…

Topics

May 22
Today, I learned…

Topics

May 23
Today, I learned…

Topics

May 24
Today, I learned…

Topics

May 25
Today, I learned…

Topics

May 26
Today, I learned…

Topics

May 27
Today, I learned…

Topics

Topics

May 28
Today, I learned…

May 29
Today, I learned…

Topics

May 30
Today, I learned…

Topics

May 31
Today, I learned…

Topics

June

Table of Topics

Jun. 1 _____
Jun. 2 _____
Jun. 3 _____
Jun. 4 _____
Jun. 5 _____
Jun. 6 _____
Jun. 7 _____
Jun. 8 _____
Jun. 9 _____
Jun. 10 _____
Jun. 11 _____
Jun. 12 _____
Jun. 13 _____
Jun. 14 _____
Jun. 15 _____
Jun. 16 _____
Jun. 17 _____
Jun. 18 _____
Jun. 19 _____
Jun. 20 _____
Jun. 21 _____
Jun. 22 _____
Jun. 23 _____
Jun. 24 _____
Jun. 25 _____

Jun. 26 _____
Jun. 27 _____
Jun. 28 _____
Jun. 29 _____
Jun. 30 _____

Notes

June 1
Today, I learned…

Topics

June 2

Topics

Today, I learned…

Topics

June 3
Today, I learned…

June 4
Today, I learned…

Topics

June 5

Today, I learned…

Topics

June 6
Today, I learned…

Topics

June 7
Today, I learned…

Topics

June 8
Today, I learned…

Topics

June 9
Today, I learned…

Topics

June 10
Today, I learned…

June 11
Today, I learned…

Topics

June 12
Today, I learned…

Topics

Topics

June 13
Today, I learned…

June 14
Today, I learned…

Topics

June 15
Today, I learned…

Topics

June 16
Today, I learned…

Topics

June 17
Today, I learned…

Topics

June 18
Today, I learned…

Topics

June 19
Today, I learned…

Topics

June 20
Today, I learned…

Topics

June 21
Today, I learned…

Topics

June 22
Today, I learned…

Topics

June 23

Today, I learned…

Topics

June 24
Today, I learned…

Topics

June 25

Today, I learned…

Topics

June 26
Today, I learned…

Topics

June 27
Today, I learned…

Topics

June 28
Today, I learned…

Topics

June 29
Today, I learned…

Topics

June 30
Today, I learned…

Topics

July

Table of Topics

Jul. 1 _____
Jul. 2 _____
Jul. 3 _____
Jul. 4 _____
Jul. 5 _____
Jul. 6 _____
Jul. 7 _____
Jul. 8 _____
Jul. 9 _____
Jul. 10 _____
Jul. 11 _____
Jul. 12 _____
Jul. 13 _____
Jul. 14 _____
Jul. 15 _____
Jul. 16 _____
Jul. 17 _____
Jul. 18 _____
Jul. 19 _____
Jul. 20 _____
Jul. 21 _____
Jul. 22 _____
Jul. 23 _____
Jul. 24 _____
Jul. 25 _____

Jul. 26 _____
Jul. 27 _____
Jul. 28 _____
Jul. 29 _____
Jul. 30 _____
Jul. 31 _____

Notes

July 1
Today, I learned…

Topics

July 2
Today, I learned…

Topics

July 3
Today, I learned…

Topics

Topics

July 4
Today, I learned…

July 5
Today, I learned…

Topics

July 6
Today, I learned…

Topics

July 7
Today, I learned…

Topics

July 8
Today, I learned…

Topics

July 9
Today, I learned…

Topics

July 10
Today, I learned…

Topics

July 11
Today, I learned…

Topics

July 12
Today, I learned…

Topics

July 13
Today, I learned…

Topics

July 14
Today, I learned…

Topics

July 15
Today, I learned…

Topics

July 16

Today, I learned…

Topics

July 17
Today, I learned…

Topics

July 18
Today, I learned…

Topics

July 19
Today, I learned…

Topics

July 20
Today, I learned…

Topics

July 21
Today, I learned…

Topics

July 22
Today, I learned…

Topics

July 23
Today, I learned…

Topics

July 24
Today, I learned…

Topics

July 25
Today, I learned…

Topics

July 26
Today, I learned…

Topics

July 27
Today, I learned…

Topics

July 28
Today, I learned…

Topics

July 29
Today, I learned…

Topics

July 30
Today, I learned…

Topics

July 31
Today, I learned…

Topics

August

Table of Topics

Aug. 1 _____
Aug. 2 _____
Aug. 3 _____
Aug. 4 _____
Aug. 5 _____
Aug. 6 _____
Aug. 7 _____
Aug. 8 _____
Aug. 9 _____
Aug. 10 _____
Aug. 11 _____
Aug. 12 _____
Aug. 13 _____
Aug. 14 _____
Aug. 15 _____
Aug. 16 _____
Aug. 17 _____
Aug. 18 _____
Aug. 19 _____
Aug. 20 _____
Aug. 21 _____
Aug. 22 _____
Aug. 23 _____
Aug. 24 _____
Aug. 25 _____

Aug. 26 _____
Aug. 27 _____
Aug. 28 _____
Aug. 29 _____
Aug. 30 _____
Aug. 31 _____

Notes

August 1
Today, I learned…

Topics

August 2
Today, I learned…

Topics

August 3
Today, I learned…

Topics

August 4

Today, I learned…

Topics

August 5
Today, I learned…

Topics

August 6
Today, I learned…

Topics

August 7
Today, I learned…

Topics

August 8
Today, I learned…

Topics

August 9
Today, I learned…

Topics

August 10
Today, I learned…

Topics

August 11
Today, I learned…

Topics

August 12
Today, I learned…

Topics

August 13
Today, I learned…

Topics

Topics

August 14
Today, I learned…

August 15
Today, I learned…

Topics

August 16
Today, I learned…

Topics

August 17
Today, I learned…

Topics

August 18
Today, I learned…

Topics

August 19
Today, I learned…

Topics

August 20
Today, I learned…

Topics

August 21
Today, I learned…

Topics

August 22
Today, I learned…

Topics

August 23
Today, I learned…

Topics

August 24
Today, I learned…

Topics

August 25
Today, I learned…

Topics

August 26
Today, I learned…

Topics

August 27
Today, I learned…

Topics

August 28
Today, I learned…

Topics

# August 29
Today, I learned…

Topics

August 30
Today, I learned…

Topics

August 31
Today, I learned…

Topics

September

Table of Topics

Sep. 1 _____
Sep. 2 _____
Sep. 3 _____
Sep. 4 _____
Sep. 5 _____
Sep. 6 _____
Sep. 7 _____
Sep. 8 _____
Sep. 9 _____
Sep. 10 _____
Sep. 11 _____
Sep. 12 _____
Sep. 13 _____
Sep. 14 _____
Sep. 15 _____
Sep. 16 _____
Sep. 17 _____
Sep. 18 _____
Sep. 19 _____
Sep. 20 _____
Sep. 21 _____
Sep. 22 _____
Sep. 23 _____
Sep. 24 _____
Sep. 25 _____

Sep. 26 _____
Sep. 27 _____
Sep. 28 _____
Sep. 29 _____
Sep. 30 _____

Notes

September 1
Today, I learned…

Topics

Topics

September 2
Today, I learned…

September 3
Today, I learned…

Topics

September 4
Today, I learned…

Topics

September 5
Today, I learned…

Topics

September 6
Today, I learned…

Topics

September 7
Today, I learned…

Topics

September 8
Today, I learned…

Topics

September 9
Today, I learned…

Topics

September 10
Today, I learned…

Topics

September 11
Today, I learned…

Topics

Topics

September 12
Today, I learned…

September 13
Today, I learned…

Topics

September 14
Today, I learned…

Topics

Topics

September 15
Today, I learned…

September 16
Today, I learned…

Topics

September 17
Today, I learned…

Topics

Topics

September 18
Today, I learned…

September 19
Today, I learned…

Topics

September 20
Today, I learned…

Topics

Topics

September 21
Today, I learned…

September 22
Today, I learned…

Topics

September 23
Today, I learned…

Topics

September 24
Today, I learned…

Topics

September 25
Today, I learned…

Topics

September 26
Today, I learned…

Topics

September 27
Today, I learned…

Topics

September 28
Today, I learned…

Topics

September 29
Today, I learned…

Topics

September 30
Today, I learned…

Topics

October

Table of Topics

Oct. 1 _____
Oct. 2 _____
Oct. 3 _____
Oct. 4 _____
Oct. 5 _____
Oct. 6 _____
Oct. 7 _____
Oct. 8 _____
Oct. 9 _____
Oct. 10 _____
Oct. 11 _____
Oct. 12 _____
Oct. 13 _____
Oct. 14 _____
Oct. 15 _____
Oct. 16 _____
Oct. 17 _____
Oct. 18 _____
Oct. 19 _____
Oct. 20 _____
Oct. 21 _____
Oct. 22 _____
Oct. 23 _____
Oct. 24 _____
Oct. 25 _____

Oct. 26 _____
Oct. 27 _____
Oct. 28 _____
Oct. 29 _____
Oct. 30 _____
Oct. 31 _____

Notes

October 1
Today, I learned…

Topics

October 2
Today, I learned…

Topics

October 3
Today, I learned…

Topics

October 4
Today, I learned…

Topics

October 5
Today, I learned…

Topics

October 6
Today, I learned…

Topics

October 7
Today, I learned…

Topics

October 8
Today, I learned…

Topics

October 9
Today, I learned…

Topics

October 10
Today, I learned…

Topics

October 11
Today, I learned…

Topics

October 12
Today, I learned…

Topics

October 13
Today, I learned…

Topics

October 14

Today, I learned…

Topics

October 15
Today, I learned…

Topics

October 16
Today, I learned…

Topics

October 17
Today, I learned…

Topics

October 18
Today, I learned…

Topics

October 19
Today, I learned…

Topics

October 20
Today, I learned…

Topics

Topics

October 21
Today, I learned…

October 22

Today, I learned…

Topics

October 23
Today, I learned…

Topics

Topics

October 24
Today, I learned…

Topics

October 25
Today, I learned…

October 26

Today, I learned…

Topics

October 27
Today, I learned…

Topics

October 28
Today, I learned…

Topics

October 29

Topics

Today, I learned…

October 30
Today, I learned…

Topics

October 31
Today, I learned…

Topics

November

Table of Topics

Nov. 1 _____
Nov. 2 _____
Nov. 3 _____
Nov. 4 _____
Nov. 5 _____
Nov. 6 _____
Nov. 7 _____
Nov. 8 _____
Nov. 9 _____
Nov. 10 _____
Nov. 11 _____
Nov. 12 _____
Nov. 13 _____
Nov. 14 _____
Nov. 15 _____
Nov. 16 _____
Nov. 17 _____
Nov. 18 _____
Nov. 19 _____
Nov. 20 _____
Nov. 21 _____
Nov. 22 _____
Nov. 23 _____
Nov. 24 _____
Nov. 25 _____

Nov. 26 _____
Nov. 27 _____
Nov. 28 _____
Nov. 29 _____
Nov. 30 _____

Notes

November 1
Today, I learned…

Topics

November 2

Today, I learned…

Topics

November 3

Today, I learned…

Topics

November 4

Topics

Today, I learned…

November 5
Today, I learned…

Topics

November 6
Today, I learned…

Topics

November 7
Today, I learned…

Topics

November 8

Today, I learned…

Topics

November 9
Today, I learned…

Topics

November 10
Today, I learned…

Topics

November 11
Today, I learned…

Topics

November 12
Today, I learned…

Topics

November 13
Today, I learned…

Topics

Topics

November 14
Today, I learned…

Topics

November 15
Today, I learned…

November 16
Today, I learned…

Topics

November 17
Today, I learned…

Topics

November 18
Today, I learned…

Topics

November 19
Today, I learned…

Topics

November 20

Today, I learned…

Topics

November 21

Today, I learned…

Topics

November 22
Today, I learned…

Topics

November 23
Today, I learned…

Topics

November 24
Today, I learned…

Topics

November 25
Today, I learned…

Topics

November 26
Today, I learned…

Topics

November 27

Topics

Today, I learned…

November 28
Today, I learned…

Topics

November 29

Today, I learned…

Topics

November 30
Today, I learned…

Topics

December

Table of Topics

Dec. 1 _____
Dec. 2 _____
Dec. 3 _____
Dec. 4 _____
Dec. 5 _____
Dec. 6 _____
Dec. 7 _____
Dec. 8 _____
Dec. 9 _____
Dec. 10 _____
Dec. 11 _____
Dec. 12 _____
Dec. 13 _____
Dec. 14 _____
Dec. 15 _____
Dec. 16 _____
Dec. 17 _____
Dec. 18 _____
Dec. 19 _____
Dec. 20 _____
Dec. 21 _____
Dec. 22 _____
Dec. 23 _____
Dec. 24 _____
Dec. 25 _____

Dec. 26 _____
Dec. 27 _____
Dec. 28 _____
Dec. 29 _____
Dec. 30 _____
Dec. 31 _____

Notes

December 1
Today, I learned…

Topics

December 2
Today, I learned…

Topics

December 3

Today, I learned…

Topics

December 4

Today, I learned…

Topics

December 5
Today, I learned…

Topics

December 6

Today, I learned…

Topics

Topics

December 7
Today, I learned…

December 8

Topics

Today, I learned…

December 9
Today, I learned…

Topics

December 10
Today, I learned…

Topics

December 11
Today, I learned…

Topics

December 12
Today, I learned…

Topics

December 13
Today, I learned…

Topics

December 14
Today, I learned…

Topics

December 15
Today, I learned…

Topics

December 16
Today, I learned…

Topics

December 17
Today, I learned…

Topics

December 18

Today, I learned…

Topics

December 19
Today, I learned…

Topics

December 20

Today, I learned…

Topics

Topics

December 21
Today, I learned…

December 22

Today, I learned…

Topics

December 23

Topics

Today, I learned…

December 24

Today, I learned…

Topics

December 25
Today, I learned…

Topics

December 26

Today, I learned…

Topics

December 27
Today, I learned…

Topics

December 28

Today, I learned…

Topics

December 29

Today, I learned…

Topics

December 30

Today, I learned…

Topics

December 31
Today, I learned…

Topics

Made in the USA
Lexington, KY
22 November 2017